curiosidad por

LOS DESTRUCTORES

POR RACHEL GRACK

AMICUS LEARNING

¿Qué te causa

curiosidad?

Curiosidad por es una publicación de
Amicus Learning, an imprint of Amicus
P.O. Box 227, Mankato, MN 56002
www.amicuspublishing.us

Editora: Alissa Thielges
Diseñadora de la serie: Kathleen Petelinsek
Diseñadora de libro: Aubrey Harper

Library of Congress Cataloging-in-Publication Data
Names: Koestler-Grack, Rachel A., 1973- author.
Title: Curiosidad por los destructores / por Rachel Grack.
Other titles: Curious about destroyers. Spanish
Description: Mankato, MN : Amicus Learning, [2025] | Series: Curiosidad por las máquinas militares | Includes index. | Audience: Ages 5–9 | Audience: Grades 2–3
Identifiers: LCCN 2023043678 (print) | LCCN 2023043679 (ebook) | ISBN 9781645499466 (library binding) | ISBN 9798892000390 (ebook)
Subjects: LCSH: Destroyers (Warships)–United States–Juvenile literature. | Arleigh Burke Class (Warships)–Juvenile literature.
Classification: LCC V825.3 .G7318 2025 (print) | LCC V825.3 (ebook) | DDC 623.825/4–dc23/eng/20231103

Créditos de las imágenes: DVIDS/Carla Ocampo 12–13, Jason Pastrick 14–15, Petty Officer 1st Class Andre Richard 19, Petty Officer 1st Class Donavan K Patubo 20–21, Petty Officer 2nd Class Amanda Gray 11, Petty Officer 3rd Class Elisha Smith 6, Seaman Theoplis Stewart II 8; Freepik/fernanwidiatmojo 10 (sub); iStock/agung fatria 10 (sonar), Golden Sikorka 9, wissanu99 10 (ship); National Museum of the U.S. Navy 16–17; Navy Office of Community Outreach cover, 1; Noun Project/Laxouri Studio 22 & 23 (icons); Wikimedia Commons/ Mate 2nd Class James Elliott 7, Huntington Ingalls Industries 4–5

Impreso en China

CAPÍTULO UNO

¿Qué son los destructores?

Los destructores son rápidos y pueden cambiar de dirección rápidamente.

Son buques de guerra veloces cargados de armas. Los destructores son más pequeños que otros buques de guerra. A menudo viajar con las **flotas** de la Marina. Su función principal es defender los otros barcos. Las tripulaciones permanecen en guardia en todo momento. Detienen a los enemigos antes de que ataquen.

¿Hay diferentes tipos de destructores?

Sí. La Marina de EE. UU. tiene dos **clases**. La clase Arleigh Burke incluye cuatro tipos de buques. La nueva clase Zumwalt tiene tecnología **furtiva**. Son los destructores más grandes y potentes del mundo. En total, la Marina de EE. UU. tiene 92 destructores. ¡Más que cualquier otro país!

Longitud: 610 pies (186 metros)
Peso: 17.600 toneladas (15.966 toneladas métricas)
Tripulación: 197 personas
Costo: $4.400 millones
Armas: 6 misiles, 2 sistemas de armas

CLASE ZUMWALT

CLASE ARLEIGH BURKE

Longitud: hasta 510 pies (155 m)
Peso: hasta 9.500 toneladas (8.618 mt)
Tripulación: 359 personas
Costo: $1.800 millones
Armas: misiles, sistemas de armas y torpedos (cantidades variables)

¿Por qué se llaman destructores?

Persiguen y destruyen a los enemigos. Los primeros destructores rastreaban y hundían buques **torpederos**. Hoy en día, destruyen mucho más. También derriban aviones y **submarinos**. Incluso destruyen **misiles** y torpedos. ¡Bum! Son rápidos y poderosos.

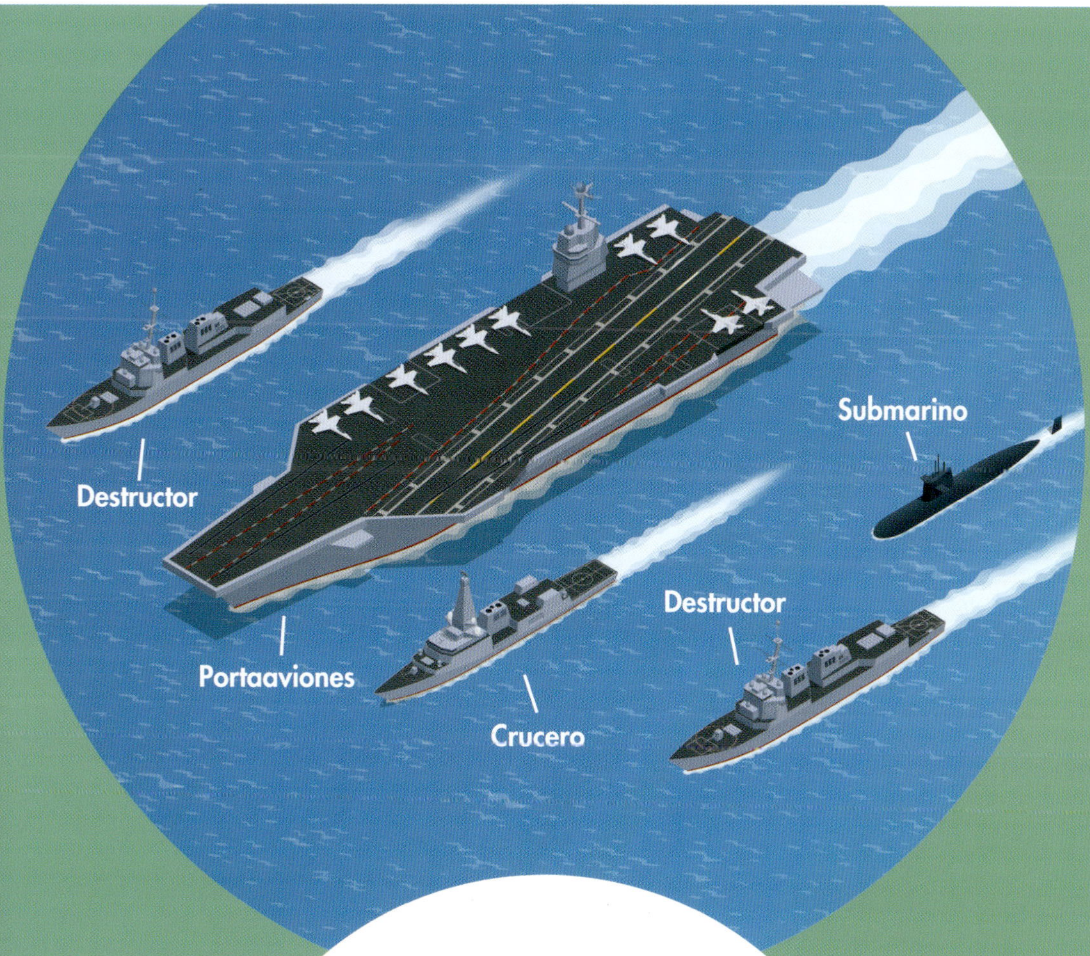

GRUPO DE ATAQUE DE PORTAAVIONES

¿Cómo ubican los destructores a los submarinos?

Usan un **sonar**. Los marineros envían pulsos al agua cada diez segundos. Esto envía ondas sonoras agudas al agua. Cada eco se mide. Los sonidos aparecen como imágenes. Pero encontrar submarinos no es fácil. Los submarinos tienen maneras de esconderse. Y también escuchan a los buques de guerra.

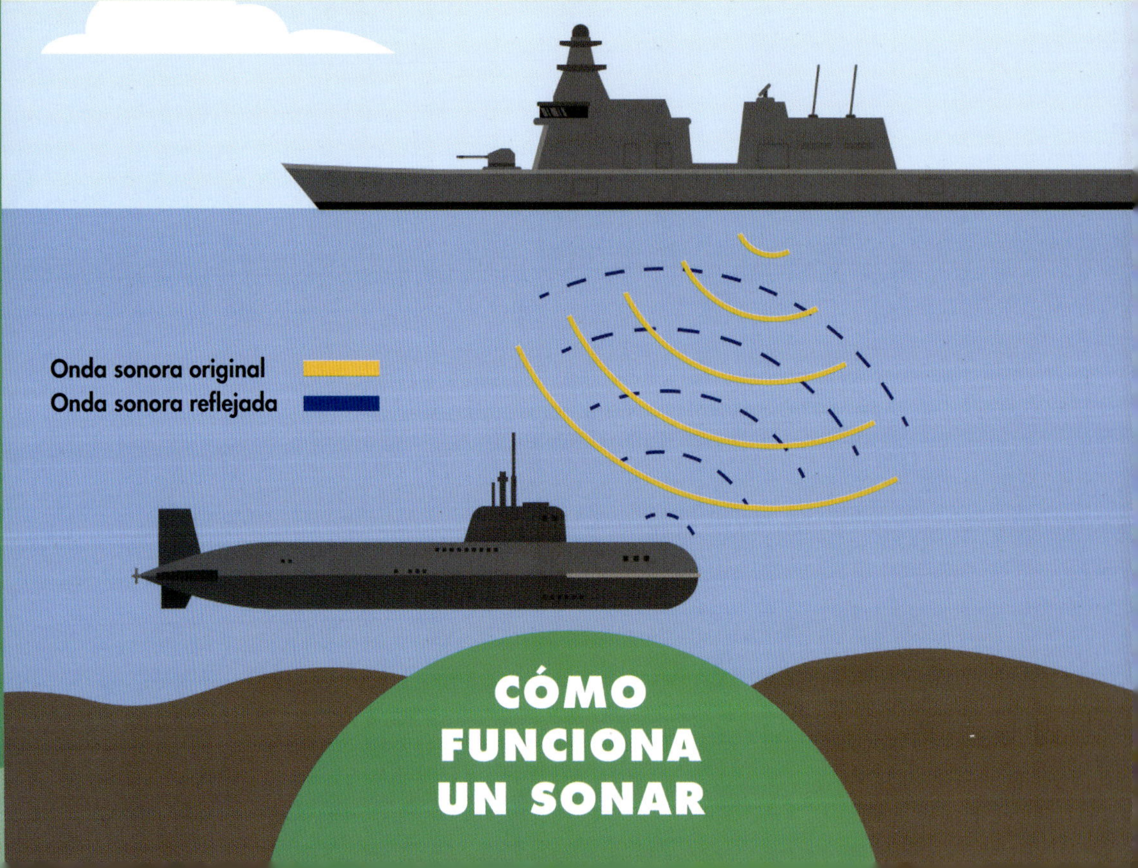

El USS *Stout* cruza el Mar Mediterráneo en misión.

¿Qué tan rápidos son los destructores?

Los helicópteros llevan nuevos suministros a los destructores en el mar.

La mayoría alcanzan una velocidad máxima de 35 millas (56 kilómetros) por hora. Eso es rápido para su tamaño y su peso. Están fuertemente equipados con armamento. La mayoría de los destructores **desplazan** unas 8.900 toneladas (8.074 mt). Algunos tienen más de 500 pies (152 m) de largo. Sin embargo, pueden atacar y escapar rapidamente.

¿SABÍAS?

El destructor más rápido de la historia fue *Le Terrible*. Pertenecía a la Marina de Francia. En 1935 alcanzó una velocidad récord de 52 millas (84 km) por hora.

CAPÍTULO TRES

3

¿Qué combustible usan?

El USS *Sampson* se detiene junto a un portaaviones para reabastecerse de combustible.

Algunos utilizan **combustible diésel** F-76. Alimenta a los destructores de la clase Arleigh Burke. ¡Estos barcos queman 1.000 galones (3.785 litros) por hora! La clase Zumwalt usa principalmente energía eléctrica. Cuesta menos y da mucha más potencia. También hace menos ruido que los motores de gasolina. Esto añade sigilo.

¿SABÍAS?

Los destructores Arleigh Burke necesitan reabastecerse después de recorrer 4.400 millas (7.081 km). Eso es aproximadamente cada dos semanas y media.

El USS *Zumwalt* es el primer buque de su clase.

¿Qué hace que un destructor sea furtivo?

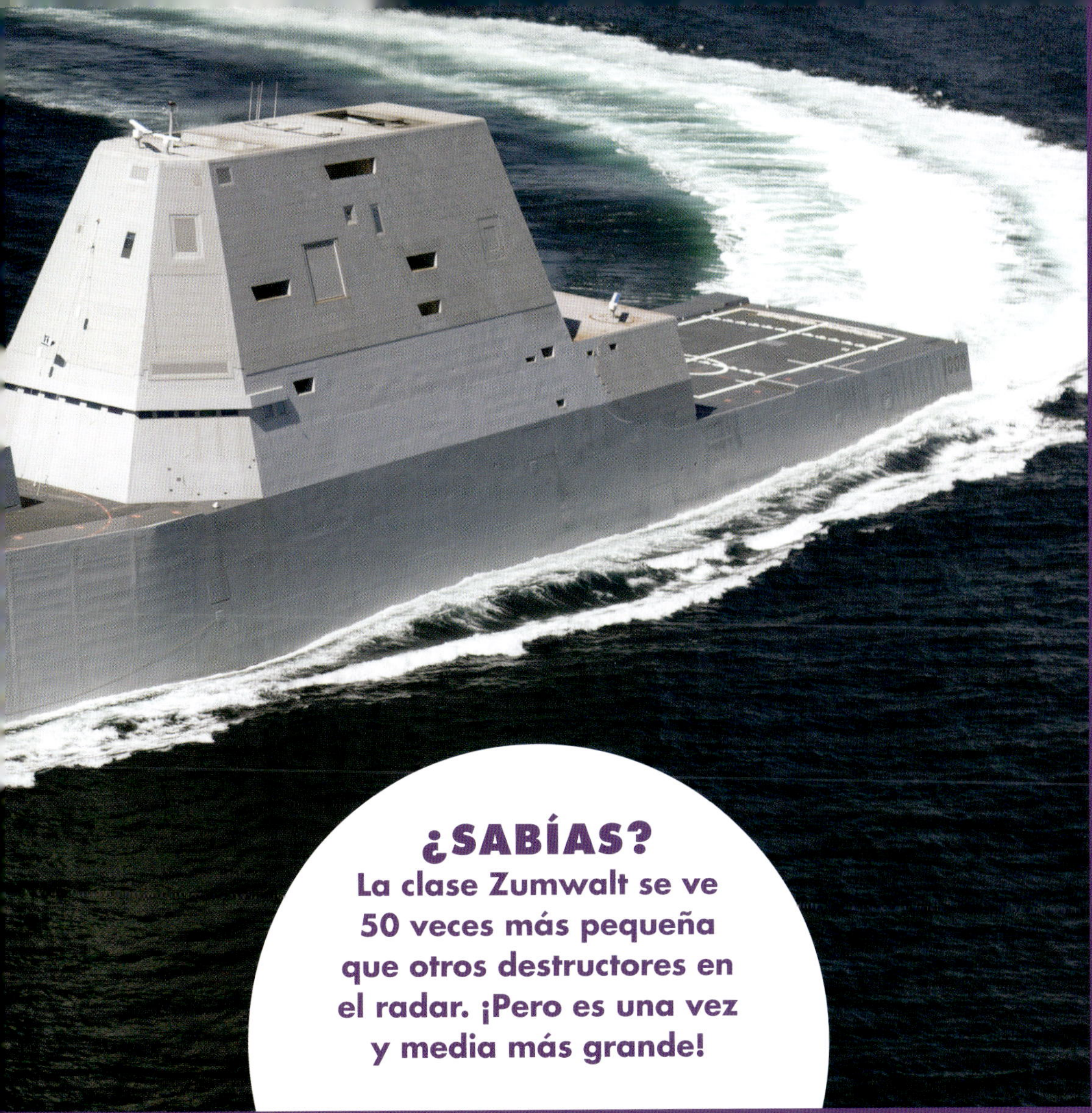

¿SABÍAS?

La clase Zumwalt se ve 50 veces más pequeña que otros destructores en el radar. ¡Pero es una vez y media más grande!

Los barcos y aviones utilizan **radar** para buscar destructores. Un destructor furtivo puede engañar a estos sistemas. Su forma hace que parezca más pequeño en las pantallas de radar. Parece como un gran barco pesquero. Los motores silenciosos ayudan a estos destructores a esconderse de los submarinos.

¿Cómo es la vida a bordo?

Probablemente te marearías. El barco siempre se balancea. Se bambolea y se sacude. Habituarse al movimiento del mar lleva tiempo. Y las tormentas pueden afectar hasta a los estómagos más fuertes. Sin embargo, los buques Zumwalt ofrecen a los marineros algo de esperanza. La punta del casco en forma de cuchilla ofrece una conducción más estable.

Un marinero de la Marina vigila desde el centro de control del USS *Chung-Hoon*.

¿Por qué los destructores llevan helicópteros?

Hay muchas razones. Los helicópteros ayudan a buscar submarinos. Pueden luchar contra barcos enemigos. También hacen búsqueda y **rescate**. Además, transportan personas y suministros hacia y desde el barco. Los helicópteros también combaten más allá del mar. Los destructores defienden el agua, el aire y la tierra.

Un helicóptero despega del USS *Higgins*.

HAZ MÁS PREGUNTAS

¿Cuánto tiempo permanecen los destructores en el mar?

¿Cuál fue el primer destructor?

Prueba con una PREGUNTA GRANDE: ¿Los destructores mantienen la paz o provocan guerras?

BUSCA LAS RESPUESTAS

Busca en el catálogo de la biblioteca o en Internet.
Pueden ayudarte tus padres, un bibliotecario o un maestro.

Usar palabras clave
Busca la lupa.

Las palabras clave son las palabras más importantes de tu pregunta.

Si quieres saber sobre:

- la duración de las misiones de los destructores, escribe: DÍAS DEL DESTRUCTOR EN EL MAR
- el primer destructor, escribe: PRIMER DESTRUCTOR

GLOSARIO

clase Un grupo de destructores que son similares en algún aspecto.

combustible diésel Aceite mineral pesado utilizado para impulsar motores diésel.

desplazar Empujar el agua hacia los lados; cuando un barco avanza, la cantidad de agua que empuja hacia los lados determina su peso.

flota Un grupo de buques militares controlados por un líder.

furtivo Diseñado para no ser visto fácilmente por radar o sonar.

misil Cohete que explota al alcanzar un objetivo lejano.

radar Dispositivo que envía ondas de radio para encontrar la posición y velocidad de un objeto en movimiento.

rescatar Salvar de un peligro.

sonar Dispositivo que emite ondas sonoras para localizar objetos bajo el agua.

torpedo Misil en forma de tubo que se lanza al agua.

ÍNDICE

Acerca de la autora

Rachel Grack es editora y escritora de libros para niños desde 1999. Vive en un pequeño rancho en Arizona. Rachel siente un profundo respeto por las fuerzas armadas de los EE. UU. Su tío sirvió como teniente primero en la Infantería de Marina. Era piloto de un F-8 Crusader.